La Banque de France et la reprise des paiements en espèces

1850

LÉON FAUCHER

TABLE DES MATIÈRES

PREMIÈRE PARTIE

M. le ministre des finances a tout récemment proposé à l'assemblée nationale une mesure que je crois prématurée, et qui, en tout cas, ne me paraît pas entourée des précautions ni des garanties nécessaires. Il a demandé l'autorisation, pour la Banque de France, de reprendre ses paiemens en espèces, qu'un décret du gouvernement provisoire avait suspendus. C'est la liberté de la circulation monétaire qu'il s'agit de rétablir, en levant l'interdit qui la frappe depuis le mois de mars 1848, et en effaçant les dernières traces du régime financier inauguré, sous la pression des désordres intérieurs par les dictateurs de cette déplorable époque.

J'écris à deux cents lieues des faits ainsi que des discussions. Je n'ai pas sous les yeux les documens auxquels se réfère le projet de loi, et j'en suis réduit aux ressources incertaines autant que bornées de la mémoire. L'urgence ayant été prise en considération par l'assemblée, ces réflexions ne seront vraisemblablement livrées à la publicité qu'après le vote de la loi ; elles perdront ainsi le caractère d'opportunité qui fait le principal mérite de la critique la mieux dirigée dans les matières politiques. Enfin, après l'accueil qu'a reçu le projet à la Bourse, et au milieu du mouvement ascendant qui a été imprimé aux fonds publics, mes observations pourront ressembler, malgré moi, à une sorte de protestation contre la confiance qui tend à renaître. En présence de ces désavantages que j'ai mesurés, si je ne crois pas devoir m'arrêter, on ne m'accusera pas, je l'espère, de présomption, et l'on voudra bien considérer qu'après tant de fautes commises et dans l'état où sont encore aujourd'hui nos finances, c'est le devoir de tous, du plus humble comme du plus illustre, de travailler sans relâche à éclairer au moins autant qu'à rassurer les esprits.

Le décret qui donna un cours forcé aux billets de la Banque de France fut légitime au même titre que celui qui établit l'impôt des quarante-cinq centimes. La révolution de février étant donnée avec cette annihilation soudaine et complète des valeurs mobilières, avec cette défiance universelle et profonde qui avait envahi le domaine du crédit, il n'y avait pas d'autre moyen de rétablir un peu de sécurité et de conserver dans les caisses de la Banque, qui sont le grand réservoir du numéraire, les espèces dont le trésor avait besoin. Du 26 février au 15 mars, la Banque remboursa 110 millions. Ce jour-là, elle n'avait plus, pour faire face aux demandes du trésor et des particuliers qui assiégeaient ses guichets, qu'une réserve métallique de 122 millions, et elle devait encore 45 millions à l'état, 81 millions aux déposans divers par comptes courans, enfin les billets mis en circulation jusqu'à concurrence de 264 millions, ensemble 390 millions. Ajoutez que les effets de commerce escomptés par la Banque ne représentaient plus en grande partie que des valeurs mortes ; un moment, les effets en souffrance dépassèrent 84 millions de francs.

Pendant que les échéances des obligations commerciales étaient prorogées, que le trésor cessait de rembourser les sommes déposées dans les caisses d'épargne, et qu'il laissait protester, pour ainsi dire, sur ses propres bons la signature de l'état, la Banque ne pouvait pas continuer seule à remplir les engagemens qu'elle avait contractés : le naufrage du trésor devait entraîner, un jour plus tôt, un jour plus tard, celui de toutes les puissances financières. Le crédit de la Banque avait mieux résisté que celui de l'état ; pour maintenir ce qui en restait, il ne fallait pas cependant resserrer pour elle les liens que l'on était contraint de relâcher pour tout le monde.

Les établissemens de crédit doivent être assez fortement constitués pour résister aux crises périodiques de l'industrie et du commerce ; mais comment les mettre à l'abri des commotions que déterminent les changemens politiques, comment les construire à l'épreuve de l'anarchie ou de la guerre, des révolutions ou des invasions ? En 1797, la banque d'Angleterre n'échappa aux conséquences de la lutte européenne, dans laquelle l'Angleterre elle-même était engagée, qu'en suspendant le remboursement de ses billets. La Banque de France eût succombé en 1848 sans la déclaration du cours forcé qui fit de ses billets une monnaie légale. Grace à cette mesure, que le gouvernement provisoire prit en temps opportun, une crise monétaire ne fut pas ajoutée à la crise commerciale et au bouleversement politique. Les billets de la Banque ayant conservé ou recouvré leur valeur, il n'y eut pas de dépréciation dans la mesure commune des échanges, ni par suite dans les fortunes. Le niveau des billets restant le même que celui de l'argent, la confiance publique put s'attacher à ce point d'arrêt, le seul qui demeurât inébranlable au milieu du tourbillon révolutionnaire de nos désastres et de nos folies.

La suspension des paiemens en espèces s'accomplit au reste, je le reconnais, avec certaines garanties de prudence. Le gouvernement provisoire, d'accord avec le conseil de la Banque, fixa une limite raisonnable à l'émission des billets. Instruit par l'expérience de ses prédécesseurs en révolution, il n'essaya pas de combler, en inondant le pays d'assignats, le vide que la défiance générale avait fait dans ses caisses. Il comprit que l'état ne créait pas des valeurs à volonté, que le niveau de la circulation était donné par le mouvement des affaires, et que multiplier à profusion le papier de banque, c'était, dans une proportion égale, le déprécier et l'avilir. Après avoir agité un moment le chiffre de 500 millions, il porta le maximum de la circulation à 452 millions, se réservant de le modifier selon les circonstances. Au moment ù ce maximum fut déterminé, 'la circulation de la Banque de France et des banques départementales n'excédait pas 360 millions. On laissa donc à l'accroissement qu'elle pouvait prendre une marge d'environ 100 millions. Chacun sait qu'avec le ralentissement des transactions et avec les alarmes qui paralysaient l'industrie, il fallut près de deux ans pour l'atteindre.

Quant à l'effet direct de la mesure, il surpassa les espérances les plus hardies. Après quelques oscillations, qui étaient l'inévitable résultat de l'étonnement et de l'inquiétude, les billets de la Banque de France reprirent le pair et ne tardèrent pas même à obtenir sur l'argent une légère prime ; l'émigration de la monnaie métallique s'arrêta comme par enchantement ; les espèces, sortant de terre pour ainsi dire, refilèrent vers les caisses de la Banque. Les billets, qui n'avaient pas cours hors de la banlieue de Paris et des comptoirs, se répandirent jusque dans les hameaux les plus reculés, et devinrent bientôt aussi familiers au petit commerçant, au petit Propriétaire, au journalier qu'au banquier et au capitaliste. Cette monnaie, imposée d'autorité, fut promptement une monnaie recherchée. Dans un pays où l'or ne sert pas, comme en Angleterre, d'étalon à la valeur, n'entre pas dans les paiemens, et reste à l'état de marchandise, les coupures de 100 fr. avaient une utilité incontestable ; le commerce n'en obtint jamais assez à son gré. Dès les derniers mois de 1849, la Banque, voyant sa circulation se rapprocher de la limite légale, refusait des billets à ceux qui lui en demandaient, et les obligeait à recevoir des espèces. Le cours forcé des billets n'était plus qu'une formule comminatoire. La pratique commerciale avait renversé les termes du décret : la Banque donnait une sorte de cours forcé aux espèces. Il fallut, pour rendre possibles les opérations du commerce, élever la limite des émissions à 525 millions.

Cette marge nouvelle se trouve déjà trop étroite, puisque la circulation des billets émis par la Banque excède aujourd'hui 510 millions, et que le mouvement d'expansion tend continuellement à. s'accroître. Eu moins de huit mois et sous l'influence d'une reprise déjà sensible dans les affaires, la Banque a livré au public une quantité additionnelle de billets à peu près égale aux sommes dont la circulation s'était augmentée dans une époque de stagnation et d'inquiétude, depuis le mois de mars 1848 jusqu'au mois de décembre 1849.

Quel parti devaient prendre les pouvoirs publics en face d'une situation vraiment nouvelle en France ? Fallait-il, pour maintenir le cours forcé et avec l'obligation de pourvoir aux besoins du commerce, élever encore une fois le maximum imposé aux émissions ? ou bien convenait-il plutôt de décharger le gouvernement de ces fonctions extraordinaires de régulateur du crédit, dont les circonstances l'avaient investi, et de rendre à la circulation toute sa liberté, en autorisant la Banque à reprendre ses paiemens en espèces ? Telle est la question que M. le ministre des finances vient de poser à l'assemblée nationale, en l'invitant par son exemple à incliner du côté de la liberté et à abroger le décret du 16 mars 1848.

En principe, et à ne considérer que le train régulier des affaires, l'existence du cours forcé est toujours un mal. Les billets d'une banque n'ont de valeur que par leur convertibilité en espèces, car que signifie la promesse de payer à vue et au porteur, si lorsque le porteur se présente le paiement lui est refusé ? L'expansion des billets a deux élémens : la richesse de la population qui en fait son principal moyen d'échange, et le crédit de la banque qui les émet. Plus un peuple est riche et plus il échange ; plus il échange, et plus il est conduit à employer le papier de banque de préférence à l'argent. Le crédit d'une banque s'étend en raison directe de la sagesse de ses opérations et de la solidité de la constitution qu'elle se donne. La banque d'Angleterre, dont le privilège n'embrasse qu'un rayon de soixante milles autour de Londres, voit ses billets acceptés comme monnaie dans tout le royaume ; elle sert de base aux établissemens de crédit dont l'Irlande et l'Ecosse sont dotées.

Supposez le public libre de choisir entre les banques : il acceptera de préférence les billets de celle qui lui offrira les plus solides garanties, et, si aucune banque ne le rassure, il refusera leur papier pour se retrancher dans la circulation purement métallique. Que fait donc l'état quand il oblige le public à recevoir tels ou tels billets au même titre que l'argent ? Il supprime le libre arbitre des individus dans les choses qui touchent de plus près à la sécurité des transactions et à l'intérêt des fortunes. Il place les mauvaises banques sur le même pied que les bonnes, fait tort à celles-ci, avantage celles-là ; pour tout dire, il substitue au crédit de ces établissemens l'autorité, c'est-à-dire, en matière de finance, le crédit de l'état.

Il suit de là que l'on n'abroge pas le cours forcé aussi aisément qu'on l'a établi. L'état ne peut pas retirer sa garantie, à la faveur de laquelle l'usage des billets a pris une extension auparavant inconnue ; sans veiller à ce que les banques qui recouvrent leur liberté fournissent au public des garanties équivalentes. Que sert de déclarer les billets remboursables à présentation, si la banque n'a pas les ressources nécessaires pour les rembourser dans toutes les circonstances ? C'est surtout en matière de finances qu'il y a le plus grand danger à faire des lois autre chose que l'expression des réalités.

Le gouvernement avait décrété le cours forcé des billets dans l'intérêt du trésor au moins autant que dans l'intérêt de la Banque de France ; il avait voulu faire de la Banque un instrument de crédit pour l'état lui-même, un supplément au service de la dette flottante, une machine à emprunt. Un emprunt de 50 millions sans intérêt fut d'abord le prix du décret qui suspendait les paiemens en espèces. Plus tard, au moyen d'un traité ratifié par l'assemblée nationale, un emprunt de 150 millions, portant 4 pour 100 d'intérêt avec compte réciproque et remboursable à échéances fixes, fut ouvert au trésor par la Banque, qui s'engagea ainsi à prêter à l'état ce qu'elle possédait et ce qui ne lui appartenait pas, l'argent d'autrui avec le sien propre.

J'en appelle au souvenir des commissions qui ont eu à examiner successivement le budget et la situation de nos finances : qui a jamais cru dans l'assemblée nationale que l'on pût raisonnablement abroger le cours forcé, tant que la Banque de France resterait dans les liens de l'état ? Quel était l'argument principal des financiers qui voulaient que l'état ouvrît un emprunt en 1850, pour soulager la dette flottante ? Ne disaient-ils pas, sans être contredits dans l'assemblée, que le trésor devait rembourser à la Banque les sommes qu'elle lui avait prêtées, afin de la mettre en situation de reprendre ses paiemens ? Eh bien ! voilà ce que je reproche à la loi de ne pas faire. Elle replace la Banque en présence de ses obligations normales, sans lui restituer ses moyens d'action, elle déclare les billets de la Banque remboursables, et elle retient dans les mains de l'état le capital destiné à faire face à ces engagemens, tous les jours exigibles. À la vérité, M. le ministre des finances réduit à 75 millions, le prêt qui avait été consenti pour 150 ; mais, avec cette atténuation, le trésor devra encore une somme de 125 millions, somme supérieure de 17 millions au capital intégral de la Banque de France. J'ajoute qu'en même temps l'état recouvre la liberté de disposer des forêts qu'il avait données en garantie à la Banque, et qui, par ce gage matériel de la dette, fortifiaient lé crédit du créancier.

La loi ajourne à l'année 1852 le remboursement des 75 millions. La logique commandait de laisser subsister jusque-là le cours forcé. L'échéance de ce régime devait être la même que celle de la dette contractée par le gouvernement. Il fallait libérer du même coup le trésor et la Banque ; c'était la seule, combinaison qu'avouât la raison d'état et qui se trouvât conforme à la justice. Veut-on savoir quelle va être la situation de la Banque après l'adoption de la loi ? Il suffit d'analyser avec un peu d'intelligence les comptes-rendus qu'elle publie dans le Moniteur toutes les semaines. Voici les résultats que présente celui du 25 juillet dernier.

Les billets au porteur en circulation à cette époque s'élevaient à la somme de 507,800,875 francs. En y ajoutant les billets à ordre et les récépissés payables à vue, on trouve un total de 517 millions. Les sommes déposées en compte courant, tant par le trésor que par les particuliers, figuraient dans le passif pour environ 145 millions. Voilà donc une dette de 663 millions incessamment exigible. En regard, il faut placer l'encaisse métallique, qui s'élève heureusement aujourd'hui à 450 millions, et qui serait la seule ressource immédiatement disponible, — puis le portefeuille, qui renferme des valeurs à une échéance prochaine pour la somme de 126 millions, lesquels avec les avances sur lingots ou sur effets publics, avances à terme fixe, représentent à peu près 150 millions. Je ne dirai, je pense, rien de trop en supposant que, dans cette somme, les prêts renouvelés par la Banque de trimestre en trimestre, et que les emprunteurs seraient hors d'état de rembourser à l'échéance, comptent pour environ 50 millions, ce qui réduit à 550 millions au total les ressources immédiatement ou prochainement réalisables. Il ne faut pas oublier que l'état n'a jusqu'ici prélevé que 50 millions sur l'emprunt ramené au chiffre de 75. La Banque a donc encore 25 millions à prêter, dont elle disposera, soit en les retranchant de la réserve métallique, soit par une émission supplémentaire de billets. Supposons, pour rendre le calcul plus commode, que les ressources réalisables descendent à 525 millions : la différence est de 138 millions entre le passif exigible tous les jours et l'actif plus ou moins disponible.

Je sais bien que la Banque a des rentes dont le capital nominal représente 65 millions ; mais d'abord on ne vend pas des rentes pour un capital de 65 millions sans déprimer le marché ni sans s'exposer à des pertes. La Banque ne rencontrera pas toujours des acheteurs à l'étranger, un empereur de Russie apparaissant à point nommé pour la tirer d'embarras. Ensuite, et en supposant ces rentes réalisées, la différence entre le passif exigible et l'actif réalisable resterait encore de 73 millions. Je ne veux rien exagérer, et je suis loin de présenter cette situation comme alarmante. Le public, ayant éprouvé la solidité de la Banque, ne se précipitera pas en masse vers ses guichets pour demander, par centaines de millions, l'échange de ses billets contre des espèces. La Banque de France est à cette heure, sans même en excepter la banque d'Angleterre, le plus grand réservoir, de métaux précieux ; il faudrait, pour l'épuiser, bien du temps et une panique bien extraordinaire. De plus, les billets sont entrés dans la circulation comme un élément indispensable des échanges ; il n'y a pas de force humaine qui puisse les en expulser tous à la fois.

Cependant, à ne prendre que le côté moral des choses, le crédit de la Banque peut souffrir de la situation qu'on lui fait Ce crédit est fondé jusqu'à un certain point sur l'indépendance qu'on lui suppose Le public ne s'accoutumera jamais à l'idée de voir le capital de la Banque de France absorbé et au-delà par les besoins de l'état. Aucun établissement de crédit ne peut prêter à la fois au gouvernement et au commerce, faire le double service de la dette flottante et de l'escompte. La banque d'Angleterre, qui a prêté à l'état les deux tiers de son capital et qui convertit le reste en bons de l'Échiquier, ne rend que de très rares services au commerce de la Cité ; elle donne à peine, pour quelques rares transactions, le taux de l'escompte, qui est la profession d'établissemens spéciaux. La Banque de France, au contraire, est principalement une banque d'escompte ; si l'on veut qu'elle ne perde pas ce caractère et qu'elle continue à rendre les services qui l'ont recommandée depuis son origine au monde commercial, il faut se hâter de mettre un terme au régime exceptionnel qui l'a convertie en une sorte d'annexe et de dépendance du trésor.

Les banques sont instituées pour les prêts à courte échéance. Sans cela, elles n'offriraient aucune sécurité aux preneurs des billets qu'elles mettent en circulation. Tous les établissemens de ce genre qui se sont engagés dans des opérations à long terme, soit en traitant avec l'état, soit en traitant avec les entrepreneurs d'industrie ou avec les possesseurs du sol n'ont pas tardé à succomber. Les annales financières de l'Angleterre, de la Belgique et des États-Unis sont pleines de ces tristes exemples. N'allons pas y ajouter un naufrage de plus. En ce moment, rien n'est plus anormal que la situation de la Banque de France. Son Capital, depuis qu'elle est réunie aux banques départementales, s'élève a 108 millions de francs, dont plus de 7 millions sont représentés par des immeubles et 65 millions par des rentes sur l'état. Sur les 36 millions qui demeurent libres, plusieurs doivent être passés en profits et pertes ; le reste fournit tout au plus un point d'appui aux 125 millions que l'état emprunte à la Banque de France, en sorte que pas un centime de ce capital ne sert en réalité de garantie contre les demandes possibles de remboursement, en face d'une circulation qui dépasse 500 millions.

On a prétendu que les garanties étaient surabondantes, puisque la Banque avait accumulé dans ses caves 450 millions en numéraire ; mais ce numéraire n'est pas sa propriété. Ceux qui l'ont déposé en compte courant n'en avaient pas l'emploi, les affaires restant inactives. Que la grande industrie reprenne ses opérations ; que les transactions du commerce, au lieu de se faire au comptant, se fassent à terme ; que la Banque, qui n'a plus qu'un maigre portefeuille de 125 à 130 millions, revienne à sa moyenne habituelle de 250 à 300 millions, et l'on verra les espèces s'écouler rapidement par les mêmes canaux qui les ont amenées. À la première reprise de l'escompte, le niveau de l'encaisse métallique baissera, et il ne faudra pas s'en plaindre. Le danger ne pourrait naître que dans le cas d'une crise politique et commerciale je suis loin d'annoncer, que je ne prévois pas, mais à l'abri de laquelle on doit toujours placer les établissemens de crédit. Toutefois le rapport de l'encaisse métallique à la circulation est destiné à se modifier promptement et largement par la seule influence du développement des affaires. Le trop plein du réservoir se videra infailliblement à vue d'œil ; on ne tardera pas à voir une différence de 150 à 200 millions entre la réserve en numéraire et la circulation de la Banque. Si les 450 millions sont un argument, l'argument n'a qu'une valeur de transition et de circonstance.

Non-seulement la prudence conseillait de ne pas lever les restrictions tutélaires du cours forcé avant que le trésor se fût libéré envers la Banque de France, mais il fallait encore exiger que la Banque ne reprît la liberté et l'élasticité de ses mouvemens qu'après avoir augmenté son capital, de manière à le mettre en rapport avec l'étendue de ses émissions. La banque d'Angleterre, avec un capital de 14,553,000 livres sterling et avec une réserve de 3,149,011 livres sterling, au total 17,702,011 livres sterling (446,975,777 francs), avait en circulation, le 13 juillet dernier, une somme de billets égale à 20,274,020 livres sterlng (511,919,005 francs), à laquelle on peut ajouter les billets à ordre pour 1,331,619 livres sterling (33,623,581 francs), au total 545 millions de francs. Ainsi la circulation, parvenue à son maximum, excédait à peine d'un cinquième le capital de la banque. En même temps, la banque d'Angleterre avait un encaisse métallique d'environ 16 millions sterling, plus de 400 millions de francs. La Banque de France elle-même, avant l'année 1848, avec, un capital d'environ 80 millions, ne poussait pas ses émissions au-delà de 280 millions, et ce régime n'était pas tellement sûr, que sa constitution n'ait fléchi quelquefois sous le fardeau des circonstances. Cependant, en tenant la proportion pour bonne, aujourd'hui que la circulation s'est accrue et que cet accroissement a pris un caractère permanent, avec 525 millions de billets émis, la. Banque devrait avoir un capital de 150 millions. C'est donc une ressource supplémentaire d'au moins 40 à 50 millions qu'il fallait l'obliger, avant de lever le cours forcé, à demander à ses actionnaires.

On a cherché à. poser, pour la constitution des établissemens de crédit, des règles que l'expérience a condamnées comme décidément insuffisantes. On a dit qu'une banque devait avoir une réserve en numéraire égale au tiers de ses émissions, et il s'est trouvé que la banque d'Angleterre, en gardant une réserve égale aux trois cinquièmes ou à la moitié de ses émissions, a couru des périls qu'une assistance étrangère lui a permis seule de conjurer. La Banque de France elle-même, qui gardait habituellement une distance moindre encore entre sa réserve en numéraire et sa circulation, n'a-t-elle.pas vu sa sécurité compromise et son crédit ébranlé par une soudaine et formidable exportation d'argent dans la dernière crise des subsistances ? Ce prétendu principe, en ce qui touche la proportion du numéraire à la circulation, n'a donc jamais été appliqué par les deux plus puissans établissemens de crédit que renferme le monde civilisé, et il faut s'en féliciter, car si la Banque de France ou la banque d'Angleterre avaient réduit leur réserve métallique au tiers de leurs émissions, loin de faire digue contre les tempêtes périodiques du commerce et de l'industrie, elles eussent succombé à la plus légère pression de la défiance publique. La banque d'Angleterre en particulier eût été constituée en banqueroute dix fois au moins depuis qu'elle a repris ses paiemens.

Une autre règle, que l'on n'a pas manqué de mettre en avant toutes les fois que l'on touchait, avant février 1848, à la constitution des banques départementales, consistait à dire que la circulation des billets, réunie aux sommes déposées en compte courant, ne devait jamais représenter pour une banque plus du quadruple de son capital. Cette maxime financière exprime une prévision que l'on peut considérer comme très rationnelle ; mais l'expérience, de ce côté de l'Atlantique, n'en a pas vérifié encore la solidité. On remarquera toutefois, à l'avantage de la banque d'Angleterre, que la somme de sa circulation, jointe aux comptes courans ou dépôts divers, s'élevait, le 13 juillet dernier, à 38 millions, et que son capital, placé en regard de ce passif exigible, figurait la proportion de 45 pour 100. La même opération appliquée au compte-rendu de la Banque de France, à la date du 25 juillet, présente des résultats bien différens. Contre un capital de 108 millions elle compte un passif exigible de 657 millions, ce qui fait que son capital, au lieu du quart, n'offre plus que la proportion du sixième.

On le voit, suivant les règles déjà surannées d'une science à l'état d'ébauche, aussi bien qu'en ayant égard aux considérations qui dérivent de la nature même du crédit, la Banque de France, le jour où la circulation redeviendra libre, ne peut pas rentrer purement et simplement dans ses anciens statuts. Ces statuts, en effet, partent d'un capital qui a toujours été, qui est plus que jamais insuffisant, pour lui ouvrir le champ d'une circulation sans limites. Tous les autres établissemens de crédit en Europe voient leurs facultés d'expansion bornées par la loi. La banque d'Angleterre, par exemple, au-delà de 14 millions sterling, n'a le droit d'émettre des billets que pour les échanger contre des espèces. La Banque de France seule est investie d'un arbitraire absolu ; elle n'est tenue à aucune obligation, et ne relève que de sa propre sagesse. On lui donne plus que les institutions n'accordent aux pouvoirs publics, aux délégués et aux représentans du souverain ; c'est la charger d'une responsabilité qui dépasse les forces humaines.

La Banque de France aurait pu, à la rigueur, offrir comme une garantie sa gestion, qui a été marquée au coin de la prudence depuis près d'un demi-siècle, si on l'eût replacée dans les conditions où s'exerçait son action, et se développait son crédit avant la révolution de février ; mais n'oublions pas que la Banque partageait alors le privilège de la circulation avec un certain nombre de banques départementales dont chacune avait son indépendance et sa sphère exclusive, et dont quelques-unes avaient pris une importance qui témoignait de leur vitalité. La concurrence de ces établissemens lui servait de frein en même temps que d'aiguillon. L'influence qu'exerçaient malgré elle sur ses opérations les fautes d'autrui l'obligeait à veiller avec plus de soin sur sa propre conduite. Aujourd'hui que cette limite de la concurrence n'existe plus, que la Banque agit sans contrôle, quelle est seule dotée et armée du privilège de battre monnaie de papier, ne faut-il pas que l'état intervienne, et que la sagesse précaire de la Banque soit dominée par la sagesse de la loi ?

Il n'y a plus qu'une banque de circulation dans le pays. En dehors des espèces d'or et d'argent, il n'y a plus qu'un moyen d'échange, qui est le papier de la Banque de France. L'unité monétaire du papier existe aujourd'hui comme l'unité monétaire des espèces, en vertu de la même loi scientifique et comme un dernier terme du progrès en matière de crédit. Sans doute, la révolution de février a été l'occasion déterminante de cette grande innovation financière ; mais, bien avant 1848, les idées et les faits y tendaient. On savait que le privilège conduit au monopole, et que du moment où le pouvoir législatif ne laissait pas dans le droit commun l'émission du papier de banque, du moment où il se réservait de concéder à de certaines conditions ce démembrement du domaine régalien, de la souveraineté, il en viendrait tôt ou tard à reconnaître que la diversité du papier de banque était l'anarchie, et que le seul système qui présentât des garanties contre l'abus ou contre la fraude était l'unité.

En conférant à la Banque de France le monopole des émissions, on a contracté le devoir d'entourer cette opération de toutes les garanties possibles. On a dit au public que ce système était celui qui lui offrirait la plus grande sécurité ; ce n'est pas apparemment pour l'abandonner à la discrétion des intéressés ni aux chances du hasard. Puisque la Banque bat seule monnaie, puisqu'elle est investie des attributions de l'état à cet égard, qu'elle en ait du moins la puissance. Si l'on eût voulu faire sûrement et largement les choses, un établissement, qui est appelé à répandre sous peu dans le pays une circulation financière de 600 millions aurait senti la nécessité de se constituer un capital de 200 millions.

Je comprends que ceux-là pensent autrement, qui considèrent le capital des banques comme devant servir uniquement de garantie en cas de perte. Si la seule fonction de ce capital consiste à combler le déficit qui peut résulter d'une gestion malheureuse, les 108 millions qui composent l'actif de la Banque de France paraissent plus que suffisans pour cela. Dans le cataclysme commercial qui suivit la proclamation de la république, la somme des effets en souffrance s'éleva un moment à 84 millions ; mais, en fin de compte, quelques millions en représenteront le solde.

Pour réduire le capital des banques à cette humble fonction, il faudrait que les établissemens de crédit pussent opérer avec des capitaux d'emprunt. Ce serait faire la banque à l'américaine, avec le succès en perspective tant que le vent enflerait les voiles, mais aussi avec la certitude d'une catastrophe à la première difficulté que l'on aurait à surmonter. Les choses pourraient aller ainsi tant bien que mal pour une banque d'escompte ; pour une banque de circulation et de prêt, il y a des obligations plus étendues. Outre les éventualités de perte que le capital de celles-ci doit couvrir, il sert encore à leur procurer une grande partie du numéraire qui est tenu en réserve pour faire face aux demandes de remboursement. Les banques de circulation n'ont la certitude de fournir de l'or ou de l'argent aux porteurs de leurs billets pressés de les convertir en espèces que lorsque ces espèces leur appartiennent. Dans les momens difficiles, les déposans par compte courant viennent aussi retirer leurs fonds, et il s'ensuit évidemment que ce n'est pas avec l'argent des comptes courans, avec les capitaux d'emprunt que l'on peut alors rembourser les billets. Or les règles, en cette matière plus qu'en tout autre, sont faites non pour les temps ordinaires, mais pour les époques de crise. Non-seulement une banque de circulation doit avoir un capital considérable, mais la plus grande partie de ce capital doit être convertie en numéraire, rester constamment disponible, servir de levier et de point d'appui dans la direction du crédit.

En résumé, c'est une faute d'abroger le cours forcé des billets avant d'avoir restitué à - a Banque de France les sommes dont l'état reste débiteur envers elle, et sans l'obliger à se constituer un capital nouveau ; mais la mesure a un autre côté faible : je veux parler de la précipitation avec laquelle elle a été conçue et proposée. En Angleterre, quand on voulut faire cesser la suspension des paiemens en espèces, on saisit long-temps à l'avance le parlement d'une question à laquelle tenait le sort de toutes les fortunes. La loi fut rendue en 1819, pour devenir exécutoire en 1823. Ici au contraire, c'est à la fin d'une laborieuse session, lorsque les membres de l'assemblée sont en partie dispersés, au moment où les esprits fatigués se refusent à la discussion et à la lutte, que l'on propose de changer radicalement le régime de la Banque de France. Il faudra passer en une heure, sans transition, sans préparation et presque sans examen, du cours forcé à la liberté illimitée de la circulation. Un acte réparateur se présente ainsi avec le caractère apparent d'un acte révolutionnaire !

Ne fût-ce qu'à titre de transition, en abrogeant le cours forcé, il eût été sage de laisser subsister le cours légal. Ne pouvait-on pas se borner à déclarer les billets de la Banque remboursables, et fallait-il donc aller jusqu'à dire qu'ils ne seraient plus reçus comme monnaie ? La Banque a maintenant vingt-cinq comptoirs, par lesquels elle occupe et dessert tous les centres commerciaux de quelque importance. Elle offre ainsi les plus grandes facilités à l'échange des billets contre des espèces, ce qui fait qu'il n'y a pas de raison de rompre avec les habitudes qui ont placé ces billets depuis deux ans sur le même rang que les espèces dans la circulation.

Il peut être permis de rechercher pour quelles raisons, dans une mesure de cette gravité, le gouvernement a cru devoir négliger les précautions et les tempéramens qui semblent au premier coup d'œil indispensables. Assurément M. le ministre des finances n'a pas pensé qu'un aussi grand changement s'accomplît sans tiraillemens ni malaise. Ce n'est pas ici un changement de décoration qui s'opère à vue sur la scène politique, sans que l'on ait besoin d'abaisser le rideau. Il faut du temps à la Banque pour passer de la dictature au rôle de ministre officieux de la circulation ; il faut du temps au commerce pour modifier les combinaisons qu'il avait faites en prenant pour point de départ le cours forcé ; entre le moment où le papier de banque était la monnaie obligatoire et celui où il doit redevenir un simple agent de crédit, il faut à l'opinion publique un autre trait d'union que la volonté encore inexpliquée du gouvernement. Ce qui a probablement déterminé M. le ministre des finances, c'est l'espoir d'imprimer, en rendant la Banque a son état normal, une impulsion active aux affaires. Le gouvernement a sans doute pensé qu'il devait, pour relever la confiance générale, montrer lui-même une grande confiance dans l'avenir. L'abrogation du cours forcé procède du même plan qui conduit la politique ministérielle à attacher un peu trop exclusivement ses regards au taux des fonds publics.

Il y a là une sollicitude et un empressement qui ont certes leur côté louable. Si je mêle à l'éloge une part de critique, c'est que le zèle, à mon avis, dans les affaires politiques, ne doit pas aller jusqu'à l'impatience ni jusqu'à devancer l'opportunité. Quoi que l'on puisse faire, la hausse des fonds et l'assurance du gouvernement ne réagiront que médiocrement sur l'état des esprits. Que la politique du gouvernement, au contraire, donne toute sécurite au pays, que les institutions perdent ce caractère d'instabilité que les révolutionnaires de tous les temps et de tous les pays aiment à y attacher, et l'on n'aura pas besoin de se préoccuper de l'état du crédit ni de l'activité du commerce et de l'industrie. Il faut toujours en revenir au mot si profond et si vrai du baron Louis : « Donnez-moi une bonne politique, et je vous donnerai de bonnes finances. »

Le malaise des intérêts ne peut cesser qu'avec la période révolutionnaire. Après la commotion de juillet 1830, qui n'avait fait que déplacer le trône, trois années furent nécessaires à la France pour rentrer dans le calme qui précède et qui amène la prospérité. Il ne faudra pas un intervalle moins long aujourd'hui, après une révolution qui a renversé la monarchie elle-même, pour nous lancer, à travers l'anarchie républicaine, à la recherche de l'inconnu : Sachons donc nous résigner et attendre. Travaillons à déterminer un état meilleur ; mais ne le proclamons pas avant qu'il soit venu. Les gouvernemens ne gagnent pas plus que les individus à se repaître d'illusions, à afficher une grandeur factice ; et, quand ils feraient illusion à leurs contemporains, ils ne parviendraient ni à se tromper eux-mêmes ni à désarmer les jugemens de la postérité.

Cauterets, le 8 août 1850.

DEUXIÈME PARTIE

Dans l'examen auquel je me suis livré du projet présenté à l'assemblée nationale par le ministre des finances, projet qui est devenu la loi du 6 août, je crois avoir gardé toute la réserve que comportait une discussion sérieuse et sincère. Les lecteurs de la Revue ont pu reconnaître que je craignais d'insister et de pousser à fond les argumens. Il s'agissait tout ensemble du crédit de la Banque de France et du crédit de l'état, et, même pour redresser une erreur, je n'aurais pas voulu ébranler une puissance. Les mêmes motifs me font regretter que la Banque, après avoir demandé, à ce qu'il semble, et obtenu la reprise de ses paiemens en espèces, appelle la controverse sur cette mesure, en s'efforçant d'en présenter l'apologie. Je ne suis pas l'adversaire de la Banque de France. On me permettra de rappeler, non pas certes pour en tirer vanité, mais afin de marquer, en ce qui me touche, le caractère de ce débat, que j'ai concouru, quelquefois avant que la Banque elle-même en comprît la nécessité, à tous les actes législatifs qui devaient avoir et qui ont eu jour effet de convertir un établissement resserré dans les limites de la capitale et de douze à quinze en instrument et en véhicule du crédit pour la France entière. En 1847, au moment où le gouvernement proposait à la chambre des députés d'autoriser l'émission de coupures de 250 fr., je demandai par voie d'amendement des coupures de 200 francs et de 100 fr. ; le pouvoir législatif ne m'accorda que la moitié de ce que je réclamais dans l'intérêt du commerce et de l'industrie : il fallut une révolution pour mettre les moyens de circulation en rapport avec l'étendue et avec le caractère exclusif du privilège.

Lorsque la commotion de février 1848 fit chanceler sur ses fondemens la monarchie de 1830, j'étais à la tribune, défendant cette fois, aux applaudissemens de la Banque elle-même, l'unité de la circulation fiduciaire, et soutenant qu'il ne fallait dans le pays qu'un seul papier de banque, tout comme il n'y avait, depuis la suppression de l'anarchie féodale, qu'une seule monnaie. Les intérêts départementaux, mal éclairés, luttaient encore énergiquement ; au bruit de la foudre ; révolutionnaire et à la lueur, des éclairs, contre ce dernier terme du progrès en matière de crédit ; le gouvernement provisoire ou plutôt la force des choses fit justice de leur résistance. Enfin, faut-il rappeler que, sous le régime du cours forcé, la limite fixée à l'émission des billets se trouvant bientôt trop étroite, et le commerce réclamant avec instance une extension que la Banque souhaitait, mais que M. le ministre des finances n'était pas décidé à proposer, je me rendis l'organe de ces plaintes par des interpellations que l'assemblée nationale voulut bien approuver et qui la déterminèrent à étendre la limite légale à 525 millions ? A cette époque, dès le mois de décembre 1849, la Banque de France, ayant épuisé la faculté d'expansion dont l'avait dotée le décret du 15 mars 1848, obligeait les commerçans qui lui demandaient des billets à recevoir des espèces. Le paiement des effets échus ainsi que les mouvemens de fonds devenaient à peu près impossibles. Le cours forcé n'était plus qu'une fiction de la loi, un régime dont le public supportait les charges sans en avoir les bénéfices ; les échanges commerciaux, ne s'opérant guère plus qu'au comptant, étaient gênés par la pénurie des billets, et menaçaient de s'arrêter dans plusieurs centres de travail. Le législateur, en augmentant la somme des émissions, rendit à l'industrie l'air vital et l'espace.

Avec ces souvenirs, je devais peut-être m'émouvoir plus qu'un autre à la seule crainte de voir compromettre le sort d'une institution qui a grandi et qui s'est consolidée au milieu des orages politiques. Ce que veut la Bangue aujourd'hui, ce qu'elle peut, elle le doit au régime du cours forcé, qui a universalisé et popularisé son crédit en France. Qui me blâmera de vouloir qu'avant d'abandonner un système tutélaire, quoique anormal, on s'assura, dans cette transition de la servitude à la liberté, des garanties suffisantes d'une existence solide et d'un développement prospère ? J'ai fait des voeux, comme tout le monde, pour la prompte reprise des paiemens en espèces, et je ne me suis jamais dissimulé le danger de rester longtemps sur la pente du papier-monnaie ; mais il ne me paraît pas digne d'un gouvernement régulier et prévoyant de devancer, dans une impatience fébrile de se montrer riche et fort, l'heure propice pour la suppression du cours forcé, au risque d'avoir à le rétablir quelques mois plus tard.

Les observations que j'avais présentées dans la Revue paraissent avoir déterminé la Banque à s'expliquer sur la loi du 6 août. Sans chercher à lever le voile, d'ailleurs transparent, de l'anonyme sous lequel se retranche l'apologiste de cette mesure, il n'y a pas d'indiscrétion à dire que l'auteur des articles de la Patrie doit appartenir au gouvernement de la Banque, dont il met à nu les procédés et expose les doctrines. Ceux qui ont dirigé la politique de l'institution pouvaient seuls la célébrer avec cet enthousiasme. Puisque l'on me contraint à revenir sur une difficulté dont j'aurais mieux aimé abandonner la solution aux événemens, il faudra bien examiner les prétendues règles qui sont invoquées par le défenseur de la Banque de France. On fouillerait certainement dans les archives de la science économique, depuis Adam Smith jusqu'à sir Robert Peel, sans y découvrir de pareils axiomes. Je ne crains pas d'ajouter qu'ils ne trouvent aucun point d'appui dans l'expérience financière, qu'il n'y a là que des fautes érigées en principes, et une pratique un peu routinière qui cherche à s'élever après coup à la hauteur d'une théorie.

Commençons par constater que les premiers résultats de la loi du 6 août n'ont point justifié les espérances de ceux qui l'avaient provoquée. En écrivant, il y a un mois, je la supposais entourée de la faveur publique ; mais c'était là une concession purement bénévole de ma part. Les actionnaires de la Banque eux-mêmes paraissent avoir vu la reprise prématurée des paiemens avec inquiétude. Après le décret du 15 mars, qui établit le cours forcé des billets, les actions éprouvèrent une hausse de 200 francs ; elles ont baissé de 100 francs depuis l'abrogation du décret. Sans attribuer une trop grande importance à ce fait, ne semble-t-il pas que, pour donner de la confiance au public, un établissement de crédit doive d'abord en inspirer à ses actionnaires ?

Pour expliquer l'abrogation immédiate du cours forcé, on nous disait, que la circulation des billets, qui s'élevait à 510 millions, allait atteindre la limite légale, que le meilleur moyen d'en régler l'expansion était de lui rendre la liberté de ses allures, et que cette liberté, fécondant le mouvement commercial, ne pouvait manquer de remplir le portefeuille, qui n'avait pas cessé de se vider depuis février. Qu'on nous montre maintenant une seule de ces prédictions qui soit à la veille ou en voie de s'accomplir. Depuis la loi du 6 août, la circulation, au lieu de se répandre davantage, a diminué de 15 millions de francs, et n'est plus aujourd'hui que de 495 millions. Une réduction nouvelle de 2 millions se fait remarquer dans le portefeuille. En même temps, on annonce que les banquiers admettent plus difficilement à l'escompte les valeurs qui ont une échéance de trois mois, d'où il est permis de conclure que la levée des restrictions établies en mars 1848 n'a pas amené une reprise dans les affaires, et que la Banque n'a pas trouvé d'écho qui lui répondît dans cette invitation à la confiance qu'elle adressait au pays. Donner le signal trop tard annule les pouvoirs publics, donner le signal trop tôt ébranle leur autorité et les discrédite.

Aurais-je partagé moi-même cette impatience peu réfléchie de la Banque, comme l'insinue son apologiste ? Il ne me sera pas difficile de m'en défendre. Ici même, dans cette Revue, lorsque j'ai eu à juger le décret du 15 mars, avant qu'il fût question de l'abroger, je l'ai considéré comme un expédient transitoire ; mais je n'ai jamais donné de conseil de rentrer dans la liberté avant l'heure ou par la porte du. péril. Le 1er mai comme le 15 août [1], j'ai indiqué le remboursement préalable des sommes empruntées par le trésor à la Banque comme la condition nécessaire de la reprise des paiemens en espèces ; au nom des mêmes opinions, j'ai donné les mêmes conseils. Et quelle preuve plus décisive, veut-on de ma répugnance à voir déclarer les billets de la Banque de France remboursables avant que l'on ait assuré les moyens de remboursement, que la part d'initiative que j'ai prise à la loi qui a porté la limite des émissions de 452 millions à 525 ? Certes, si j'avais redouté la prolongation du cours forcé, j'aurais évité de m'associer à une mesure dont le résultat devait être d'accroître la puissance de ce régime et d'en étendre la durée.

La suspension des paiemens en espèces pour une banque de circulation peut devenir, une nécessité de circonstance, un expédient ; elle ne saurait jamais être envisagée comme un principe. J'ignore si, dans la pensée du gouvernement provisoire, le décret qui proclama le cours forcé et qui donna aux billets la valeur d'une monnaie légale devait conduire à l'établissement définitif du papier-monnaie : il s'agit pour nous d'autre chose que d'interpréter le passé. Quant au présent, aucun homme d'état, aucun administrateur, aucun économiste digne de ce nom n'a considéré le décret qui suspendait la conversibilité du papier de banque à un autre point de vue que sous l'aspect d'une mesure destinée à durer autant que l'influence de la situation qui l'avait rendue nécessaire. Le retour aux règles naturelles de la circulation était-il opportun au moment où le ministre des finances l'a proposé à l'assemblée nationale ? En admettant l'opportunité, a-t-on ménagé la transition et a-t-on stipulé les garanties qui pouvaient épargner un repentir au législateur et mettre le crédit à l'abri d'une secousse ? Voilà les questions que soulève la loi du 6 août, et sur lesquelles, malgré le fait accompli, il est impossible de ne pas revenir.

Et d'abord, sans sortir des considérations politiques, la situation présente est-elle de nature à rassurer tous les esprits ? Avons-nous décidément franchi la période révolutionnaire ? Les difficultés que la constitution nous donne à résoudre sont-elles dès à présent aplanies ou tranchées ? A moins de fermer volontairement les yeux à la marche des opinions ainsi que des événemens, il faudra reconnaître que le moment choisi par la Banque pour solliciter l'abrogation du décret du 15 mars était précisément celui où commençait à poindre la crise que nous avons à traverser pour sortir des sables mouvans et pour établir le gouvernement en terre ferme. Cette crise, qui doit légalement se dénouer dans la session prochaine, a paru un instant se compliquer d'une rupture entre les pouvoirs publics. La majorité de l'assemblée nationale, cette majorité qui avait sauvé le pays, s'est divisée à la veille de recueillir les fruits de sa fermeté et de sa persévérance. On a pu légitimement craindre que la division qui s'était manifestée dans le choix des personnes ne fût étendue aux questions de principe, et que le socialisme, blessé à mort par la loi électorale, ne se redressât comme galvanisé par le spectacle de dissentimens dont il a seul à profiter. Les partis et le pouvoir lui-même ont pris, depuis quelque temps, une attitude militante qui préoccupe l'opinion publique, et qui, en excitant une vague attente fait naître aussi l'anxiété. Le besoin de stabilité que l'on éprouve dans le pays revêt un certain caractère d'impatience. Le présent souffre déjà des préoccupations inquiètes dont l'avenir est l'objet. Le découragement entrave les régions du travail, et l'on a remarqué un ralentissement sensible dans les affaires. Dans des circonstances pareilles, la prudence commandait évidemment de ne pas jeter au travers des difficultés politiques une difficulté qui touche à la constitution du crédit. Le statu quo en matière de banque devait être maintenu jusqu'à ce que la France eût fait son évolution, et que, se dégageant définitivement des désordres qui l'avaient envahie, elle eût fermé les abîmes.

À côté de la situation politique, qui domine le sujet, il est à propos d'envisager encore la situation particulière du trésor et celle de la Banque. M. le ministre des finances compte sur l'accroissement des revenus indirects pour soulager la dette flottante, qui fléchit sous le poids des découverts. Cette perspective flatteuse lui a servi à motiver une réduction de 75 millions dans les sommes que la Banque de France s'était engagée à prêter à l'état. Le retranchement des 75 millions a permis de représenter ensuite l'action de la Banque comme relativement libre, et de convertir l'assemblée nationale, par la puissance apparente de cet argument, a la reprise des paiemens en espèces. Eh bien ! rien ne semble moins certain que cette abondance que l'on promet au trésor. Sans parler des alarmes ou des émotions qui peuvent ralentir la marche ascendante de la fortune publique. le revenu des douanes, pour les six premiers mois de 1850, présente, comparativement à la même période de 1849, une diminution de plusieurs millions. Voilà donc, par ce côté tout au moins, un démenti donné aux espérances officielles. Ajoutons l'obligation de pourvoir aux dépenses qu'entraînera la construction du chemin de Lyon laissée à la charge de l'état, et il y aura lieu de douter que le trésor soit en mesure de se passer, en 1851, des 75 millions dont on a réduit peut-être avant le temps les engagemens de la Banque.

En admettant l'hypothèse la plus favorable, la Banque, ayant prêté ou devant prêter au trésor 125 millions, une somme supérieure à son capital et qui n'est pas remboursable avant la fin de l'année 1852, pouvait-elle, sans manquer à la prudence, rentrer dans le cadre naturel de ses statuts ? L'apologiste de la loi du 6 août se prononce hardiment pour l'affirmative. À l'entendre, le fardeau qui résulte pour la Banque des engagemens contractés envers l'état n'excède nullement ses forces, et il pense le démontrer en faisant figurer, en regard des 100 millions déjà prêtés et des 25 millions exigibles, les 70 millions que le trésor a déposés en compte courant.

L'art de grouper les chiffres n'est pas précisément l'art de payer ses dettes. Qu'importe que le chiffre des dépôts temporaires faits par le trésor s'élève ou s'abaisse, si ces mouvemens ascendans ou descendais ne

21

retranchent rien en définitive aux engagemens de la Banque, et si les sommes que l'état dépose peuvent être retirées à volonté ? Le compte courant s'élève aujourd'hui à 70 millions, parce que le ministre des finances tient en réserve un encaisse nécessaire au paiement du semestre. Après le 22 septembre, les dépôts publics tomberont peut-être à 25 ou 30 millions. Dans tous les cas, les engagemens de la Banque envers le trésor sont quelque chose de très certain, tandis que les versemens du trésor à la Banque sont quelque chose de très incertain. La Banque doit tout l'argent qu'elle a promis de prêter, tandis que le trésor sur l'argent qu'il reçoit, peut ne pas déposer un centime. Commençons donc par rayer de nos appréciations les éventualités à l'aide desquelles on prétend grossir l'actif de la Banque ; jusqu'à la fin de 1852, le passif provisoire, c'est-à-dire le prêt non encore remboursé de 125 millions, doit seul figurer dans les calculs. Ce prêt excède les forces de la Banque de France, car il dépasse son capital de 17 millions, et, sur les 108 millions qui composent ce capital accru de la réserve, 73 millions, sont représentés par des rentes sur l'état ou par des immeubles, en sorte que, pour prêter 125 millions au trésor, la Banque est obligée d'emprunter elle-même près de 100 millions aux sommes qu'on lui dépose en compte courant et de contracter ainsi une dette incessamment exigible pour aller chercher ensuite un placement dont le terme est fort éloigné. Il n'y a pas d'opération moins avouable en finance ; les directeurs d'un établissement qui en ferait souvent de pareilles mériteraient d'être mis aux Petites-Maisons.

On comprend que, sous le régime du cours forcé et sous le coup d'une nécessité impérieuse, les banques subviennent aux besoins du trésor en prêtant non-seulement leur capital propre, mais une partie de celui que représente leur circulation. Dans de telles circonstances, les établissemens de crédit battent monnaie en quelque sorte au profit de l'état. Comme l'état leur communique alors l'autorité de la loi, il a bien le droit de participer aux bénéfices qu'il leur procure. Il les charge donc de lever pour son compte un emprunt auquel contribuent tous ceux qui reçoivent les billets jetés dans la circulation, mais cette opération cessé d'être possible pour un établissement de crédit, le jour où ses billets redeviennent remboursables. Le capital des banques est alors le seul fonds auquel elles puissent emprunter les sommes qui alimentent la dette flottante. Comment puiseraient-elles dans le fonds commun des dépôts, dont chaque déposant a le droit de retirer sa part à toute heure, sans s'exposer à une banqueroute ou à un acte de spoliation ?

On m'oppose l'exemple de la banque d'Angleterre. Il est très vrai que cet établissement, pendant la guerre et tant qu'avait duré la suspension des paiemens, avait prêté à l'Échiquier un concours à peur près sans limites ; mais toutes les sommes empruntées qui excédaient le capital de la banque furent restituées avant la reprise des paiemens en espèces. Sans adopter exclusivement les principes sur lesquels repose la constitution de la banque d'Angleterre, j'ajouterai qu'il n'est pas exact de dire, comme on l'a prétendu, que le capital de ce grand établissement soit absorbé encore aujourd'hui par les prêts qu'il a faits à l'état. La dette du gouvernement anglais figure en effet dans les comptes de la banque pour 11,015,100 livres sterling (environ 278 millions de francs) ; mais le capital de la banque se compose de 14,553,000 livres sterling, qui appartiennent encore aux actionnaires, et d'une réserve de 3,149,011 liv. ster., qui est également leur propriété, au total, 17,702,011 liv. ster. (446,975,778 fr.). Ainsi, loin d'avoir prêté son capital à l'état, la banque d'Angleterre demeura libre de convertir en espèces ou en lingots environ 160 millions de francs, une partie de ce capital qui excède de beaucoup le capital entier de la Banque de France [2].

Au reste, les banques de circulation ne sont pas toutes placées dans la même situation ni fondées sur les mêmes principes. Il y a des établissemens, comme la banque d'Angleterre, qui négligent et qui doivent négliger les opérations d'escompte pour se consacrer principalement aux services publics. Celle-ci prête à l'état, sert d'instrument à la négociation des bons de l'Échiquier, fait le service de trésorerie, paie les dividendes semestriels aux créanciers de l'état, et reçoit les dépôts de l'Échiquier, des comptables, des caisses d'épargne. Ce sont là ses attributions véritables, et de là viennent ses profits les plus clairs.

La Banque de France ; au contraire, est instituée principalement pour prêter au commerce et à l'industrie. Son rôle ne se borne pas à donner le taux de l'escompte ; elle est le plus grand escompteur du pays et sert de point d'appui, par elle-même ou par ses comptoirs, à la négociation des effets de commerce ; les recouvremens, les viremens de fonds et les transports d'espèces s'opèrent exclusivement par ses mains : d'où il suit, que, dans les temps de calme, si elle ajoutait le service de la dette flottante à l'escompte des valeurs commerciales, ou il faudrait qu'elle détournât une partie des ressources qui fécondent le travail, ou bien elle compromettrait la solidité de sa constitution et la confiance dont elle jouit auprès du public, en étendant témérairement son action jusqu'à la région des aventures.

On m'accorde qu'aucun établissement de crédit ne peut faire à la fois le service de la dette flottante et de l'escompte ; mais on me demande si j'entends interdire désormais à la Banque, d'une manière absolue, de prêter au trésor. Ceux qui m'adressent la question sont probablement les mêmes qui ont résisté après février, tant que la résistance a été possible, aux exigences incessantes et absorbantes du trésor. Je leur ferai la réponse qu'ils ont faite sans doute eux-mêmes aux divers ministres des finances. Je comprends que la Banque vienne au secours du trésor dans les momens où sa clientèle commerciale la délaisse ; encore faut-il qu'elle ne prête son appui que sous la réserve de ne pas affaiblir son crédit, dont l'intégrité et la puissance importent à l'état autant qu'à elle-même. Cette règle fondamentale est-elle observée aujourd'hui ? L'état ne confisque-t-il pas en quelque sorte la puissance de la Banque à son profit, lorsqu'il lui emprunte, même quand le portefeuille ne renfermerait plus un seul effet de commerce, en face d'une circulation qui a pris des proportions inouies, une somme qui excède trois ou quatre fois le capital disponible ?

On dira peut-être que les vides qui se font remarquer dans le portefeuille de la Banque l'autorisent à tourner l'emploi de ses capitaux du côté de l'état. L'explication serait plausible, si la matière manquait absolument à l'escompte ; mais, quand on envisage froidement les faits, on reconnaît que c'est la Banque qui repousse le commerce et non le commerce qui s'éloigne de ses guichets. Le conseil de la Banque a long-temps affiché une prétention inconnue jusqu'à lui dans le domaine de la pratique comme dans celui de la science, et qui ne visé à rien moins qu'à établir une sorte de taux normal pour l'intérêt de l'argent. Il avait cru pendant long-temps que ce tant était celui de 4 pour 100, et l'avait généreusement maintenu dans des temps où l'argent valait bien davantage ; mais la crise de 1846-47 obligea la Banque, pour sa propre sécurité, à élever l'intérêt à 3 pour 100. La logique et l'équité voulaient qu'en échange, lorsque les capitaux abonderaient sur le marché, la Banque réduisît la prime de l'escompte. Elle n'en a rien fait, et de là, sans contredit la réduction graduelle de son portefeuille. Ne sait-on pas que le comptoir national de Paris trouvait de l'argent à 3 pour 100 pendant que la Banque persistait à exiger 4 ? Dans un moment où l'industrie française faisait de louables efforts pour alimenter les marchés du dedans et pour pénétrer dans ceux du dehors, la Banque a certainement négligé la partie la plus élevée de sa tâche, qui consistait à donner et à régler l'impulsion. Avec une politique plus libérale, en abaissant le taux de l'escompte à 3 pour 100, la Banque eût encouragé les négociations à terme ; les grandes affaires auraient repris leur cours, les effets auraient afflué vers le portefeuille, et les actionnaires n'en seraient pas réduits à se partager des dividendes de 4 et demi pour 100. La banque d'Angleterre, exige quelquefois un intérêt de 6 pour 100 pour admettre des effets de commerce à l'escompte ; mais elle se contente plus souvent encore de 2 et demi pour 100. En un mot, elle suit les oscillations du marché, et fait payer l'argent ce qu'il vaut. La Banque de France trouverait au besoin dans ses statuts une raison de plus de se conformer à cet exemple. En exigeant que les effets qu'elle escompte soient revêtus de trois signatures, elle fait naître une industrie intermédiaire, celle des assureurs en matière de crédit, qui exigent une prime pour donner la troisième signature et pour ajouter leur garantie. À Londres, quand la banque prête sur effets de commerce à 3 pour 100, ce taux d'intérêt est ni plus ni moins celui qui paient les signataires ; à Paris, lorsque la Banque prête à 4 pour 100, le commerce paie réellement 4 et demi ou 5, une prime de demi ou même de 4 pour 100 restant, entre les mains des banquiers qui s'entremettent. Toutes choses égales, la Banque de France, qui exige trois signatures, devrait donc, en échange de cette sécurité quelle se donne, fournir les capitaux a meilleur marché qu'on ne les obtient dans les autres grands centres de commerce et d'industrie. L'intérêt de l'argent s'élève dans la proportion des risques. Le crédit ne serait qu'un leurre, si les détenteurs de capitaux prétendaient tout à la fois ne courir aucun risque et placer à gros intérêts. Il n'a manqué à la Banque de France, prudente et loyale comme elle est de l'aveu de tous, qu'une direction plus libérale et des vues plus élevées pour être réputée le premier établissement de crédit du monde.

Arrivons maintenant à la question du capital : c'est là le champ de bataille sur lequel s'escriment avec le plus d'ardeur les champions de la Banque ; c'est là que nous donnent rendez-vous les rancunes de l'intérêt privé : il s'agit de porter le capitale la Banque à 150 millions, non compris la réserve, c'est-à-dire de réaliser un capital additionnel de 60 millions. Là-dessus, on nous déclare, sans plus de ménagement, que nous retranchons d'un trait de plume 50 pour 100 du revenu des actionnaires actuels, et que nous dépouillons huit mille pères de famille ; mais quoi ! le privilège de la circulation fiduciaire serait-il la propriété personnelle et incommutable des huit mille porteurs d'actions ? Ce privilège a-t-il été donné par la loi, non pas dans un intérêt public, mais dans le seul intérêt des actionnaires ? Ne faut-il voir enfin qu'une question de dividendes dans les conditions qui doivent être attachées à l'émission des billets de banque et à la constitution du crédit ? La Banque de France bat monnaie à la place et du droit de l'état ; sera-ce pour faire de ce mandat, qui est une émanation de la souveraineté, métier et marchandise ?

Sans doute il est juste qu'en servant les intérêts généraux du pays, la Banque retire de ses opérations un bénéfice qui attire les capitaux vers cet emploi ; mais l'ère des gros dividendes a duré quinze ans, et elle peut revenir encore : que l'on se résigne en ce moment aux petits profits. Nous n'estimons pas les actionnaires de la Banque très malheureux de recevoir un intérêt de 4 et demi pour 100 à une époque où les actionnaires des compagnies de chemins de fer sont réduits à 2 et même à 1 pour 100, et où les propriétaires de domaines ruraux peuvent à grand'peine trouver dans la vente, des produits les frais de la culture. Au surplus, le capital additionnel peut être levé par voie d'emprunts, et, s'il fallait le demander directement aux actionnaires, je n'y verrais rien d'impossible, les actions obtenant encore une prime de 130 pour 100, prime qui s'est élevée jusqu'à 240 pour 100. Dégageons donc le débat de cet incident, qui n'a rien de législatif et qui n'intéresse pas la fortune publique. Avant les changemens apportés par le gouvernement provisoire à la constitution de la Banque de France, le capital de cet établissement était jugé suffisant à peine ; ce capital peut suffire aujourd'hui ? La situation de la Banque est-elle, depuis la république, ce qu'elle était sous la monarchie ? Voilà comment la question se pose.

Avant 1848, le privilège de la Banque de France était limité à la capitale et à quelques villes de troisième ordre, où elle avait fondé des comptoirs ;

LÉON FAUCHER

son action n'embrassait qu'un rayon peu étendu, et demeurait en quelque façon locale. Aujourd'hui sa mission est agrandie ; elle ne rencontre plus de concurrence dans le maniement de la circulation fiduciaire, et elle participe à l'unité dé l'état. Son privilège a été converti en monopole ; seule désormais elle a le droit d'émettre les billets au porteur et à vue qui sont reçus comme argent dans toute l'étendue de la république. Comment veut-on que cet état de choses ne porte pas de conséquences ? Tout agrandissement de pouvoir impose de nouvelles garanties.

Avant 1848, la circulation de la Banque de France flottait entre 260 et 280 millions. Les billets des banques départementales n'atteignaient pas un maximum de 100 millions. Ce fut le gouvernement provisoire qui, pour donner une marge suffisante à la propagation des billets, éleva, pour les banques réunies, à 452 millions la limite légale. Cette limite, portée plus tard à 525 millions, peut être dépassée, depuis l'abrogation du cours forcé, par la seule volonté de la Banque, qui demeure juge des besoins et des facultés de la circulation. Veut-on maintenant que le capital qui répondait d'une circulation de 400 millions réponde d'une circulation de 500 à 600 millions ? Que l'on y prenne garde, l'argument va directement à la suppression absolue du capital pour les banques. Le premier aventurier venu pourra, sans avoir un sou par devers lui, lancer ses billets dans le commerce, et nous verrons se renouveler les prodiges opérés par Law monnayant les brouillards du Mississipi. Prétend-on qu'une banque n'a pas besoin d'augmenter les ressources qui lui appartiennent, quand elle accroît la somme de ses billets ? En ce cas, il faut aller plus loin et pousser jusqu'au bout la logique ; il faut établir en principe qu'une banque peut sans danger étendre indéfiniment sa circulation, ou, ce qui revient au même, réduire indéfiniment son capital. On atteint ainsi non pas seulement l'extrême limite du péril, mais encore, mais surtout celle de l'absurde.

L'apologiste de la loi du 6 août, qui raisonne toujours comme si la Banque était exclusivement un comptoir d'escompte, et comme si elle n'était pas le seul agent de la circulation dans le pays, affirme que « selon une opinion à peu près générale, le capital d'une banque n'est qu'un cautionnement destiné, en cas de sinistres notables, à garantir de toute perte les créanciers de l'établissements. » S'il en est ainsi, que l'écrivain de la Banque se montre conséquent, et puisque celle-ci n'a perdu que 5,800,000 francs dans les sinistres qui ont suivi l'ouragan de février 1848, qu'il propose de réduire son capital à sa réserve ; les créanciers trouveront encore un gage surabondant. J'ignore si l'opinion exprimée dans les lignes que l'on vient de lire est générale parmi les adeptes de la Banque de France ; mais j'ose dire que partout où les finances publiques sont l'objet d'une étude et d'une pratique intelligentes, et parmi tous les hommes qui sont versés dans les questions de crédit, cette étrange doctrine ne rencontrera aucune adhésion. Laissons là cependant les autorités, et attachons-nous à l'examen des faits. «

La Banque, nous dit-on, ne délivre pas gratuitement ses billets au public ; jamais un billet ne sort de ses caisses sans qu'elle n'en reçoive l'équivalent à la minute même, soit en écus, soit en lingots ; soit en effets de commerce bien garantis et à court terme ; pareillement, jamais un écu n'est sorti de ses guichets sans qu'une juste contre-valeur ne soit entrée au préalable dans son portefeuille : d'où il suit que l'élévation de la circulation importe peu à la Banque. » Tout le monde sait que les banques de circulation étant en même temps des établissemens de prêt et d'escompte, les billets ne sortent de leurs caisses que pour s'échanger contre des valeurs égales ; contre des espèces, contre des titres de rente ou contre des effets commerciaux ; mais les billets de banque sont des promesses de paiement dont le porteur peut exiger la réalisation à toute heure, tandis que les effets de commerce ne sont payables qu'à terme, et que les rentes données en garantie d'une dette ne doivent être réalisées qu'à l'échéance de cette dette et à défaut du paiement. Pour parer aux demandes de remboursement que peuvent faire les porteurs de leurs billets, les banques gardent généralement en caisse une certaine réserve d'écus. À quelle proportion doit s'élever cette réserve, pour faire face aux éventualités qu'embrasse la prévoyance humaine ? Sur ce point, la théorie se donne carrière, et l'expérience n'a pas encore prononcé. Les uns veulent que l'encaisse métallique représente le tiers de la circulation, les autres exigent la moitié ; mais la nécessité d'une forte réserve en écus n'est mise en doute par personne.

Ces écus doivent-ils appartenir à la Banque en totalité ou en partie ? Le défenseur de la Banque de France ne le pense pas. Il ne veut composer la réserve en numéraire que des espèces échangées contre des billets ou déposées par le public en compte courant. Toute réserve permanente, dit-il, provenant d'une autre origine, serait en quelque sorte un double emploi, une superfétation incommode, peut-être même un accroissement de danger en cas de révolte à main armée et de troubles civils. » On me permettra de ne pas m'occuper du danger de pillage ; c'est l'affaire de la gendarmerie. Si l'autorité publique devait rester impuissante en pareil cas, le désordre s'attaquerait aux caisses privées aussi bien qu'aux institutions placées sous la sauvegarde de l'état ; on pillerait partout où il y aurait quelque chose à prendre. Mais que veut dire la Banque, quand elle prétend qu'une réserve métallique empruntée au capital ferait double emploi avec les espèces qui proviennent des capitaux déposés en compte courant ? Est-ce que les déposans ont entendu que leur argent servirait de garantie à la circulation ou de ressource à la Banque ? N'ont-ils pas versé au contraire ces sommes dans la caisse de l'établissement comme dans la leur propre, avec la pensée de les reprendre quand il leur plairait, le lendemain peut-être ? La Banque doit les dépôts en compte courant, comme elle doit la valeur de ses billets. Ces deux natures de passifs sont également exigibles. On ne peut pas se servir des ressources qui proviennent de l'un pour couvrir l'autre ; les dépôts fournissent dans quelques cas une réserve temporaire ; y puiser une réserve permanente et considérable, ce serait courir au-devant d'un désastre certain. J'invoquerai ici l'exemple de la Banque de France elle-même. Qu'a-t-elle fait en 1846-47, au moment où la crise des subsistances amenait l'exportation du numéraire ? S'est-elle contentée de la réserve accidentelle que lui fournissaient les comptes courans ? A-t-elle persisté à ne pas se servir de son capital pour composer ou pour grossir l'encaisse métallique ? La Banque avait commis alors la haute imprudence dans laquelle, malgré cette leçon, elle est retombée depuis, d'immobiliser la plus grande partie de son capital en rentes. Il fallait d'abord emprunter Londres, sur dépôt de rentes, un million sterling, puis cette somme ne comblant pas les vides, vendre des rentes à l'empereur de Russie pour 50 millions de francs. À ces conditions, et non sans traîner le pied, la Banque se tira d'affaire ; mais elle dut faire ressource de tout, et, pour peu que la crise se fût prolongée, elle se serait vue dans la nécessité d'adresser à ses actionnaires l'appel devant lequel ses directeurs reculent aujourd'hui. Voilà une expérience décisive apparemment contre la théorie que l'on m'oppose. L'histoire de la banque d'Angleterre abonde en exemples tout aussi concluans. N'oublions pas que le gouvernement russe, dans un pays que l'on croit barbare, tient en réserve, sous la clé et derrière le canon d'une forteresse, un trésor de 250 a 300 millions en métaux précieux ; trésor qui sert de gage et d'appui au papier-monnaie qui forme la circulation de l'empire. La Banque de France, en retour de son privilège, ne nous doit-elle pas au moins les mêmes garanties ?

Cependant ce qu'il y a de plus curieux dans ce débat, c'est le prétexte dont se couvrent nos contradicteurs. Ils veulent que les espèces qui servent à rembourser les billets appartiennent au public et non pas à la Banque, attendu, selon eux, que le capital de la Banque ne doit pas rester improductif. Je pourrais répondre qu'un capital n'est pas improductif, quand il permet de créer un capital plus considérable qui est livré ensuite, moyennant un intérêt, à l'industrie et au commerce. Le revenu de la Banque provient de l'emploi qu'elle fait de ses billets : il n'est pas nécessaire qu'elle bénéficie encore sur sa réserve en métaux précieux ; mais je demanderai de quel droit, pour ne pas laisser une parcelle de son capital improductive, la Banque condamnerait à la stérilité les capitaux qui lui sont confiés à titre de dépôts ? Les banquiers donnent, à certaines conditions, un intérêt de l'argent qu'on dépose en compte courant dans leurs caisses. La Banque, pour se défendre de les imiter, allègue que le retrait des sommes versées est incessamment exigible. De deux choses l'une cependant : ou la Banque considère les dépôts par compte courant comme disponibles à toute heure, et il faut alors qu'elle renonce à en former sa réserve, ou bien elle se croit autorisée à les employer comme un capital supplémentaire, et dans ce cas elle en doit l'intérêt aux déposans. Point de milieu, ou la Banque doit former sa réserve métallique à l'aide de son capital, ou elle doit créer ouvertement dans ce but, à ses risques et périls, une véritable dette flottante.

Pour déterminer l'importance du capital qui doit appartenir aux banques de circulation, et afin de prouver qu'une grande partie de ce capital est naturellement consacrée à former la réserve en numéraire, j'avais rappelé que, dans les momens de crise, les déposans viennent retirer les fonds versés en compte courant, de même que les porteurs de billets se présentent en foule, demandant à les échanger contre des espèces. Le défenseur de la Banque s'inscrit en faux contre cette assertion, qu'il traite comme une erreur de fait. Suivant lui, c'est précisément aux époques de crise que les ressources augmentent, et que la réserve métallique prend des proportions démesurées. Je n'accepte pas la rectification que l'on m'oppose ici, et qui est fondée sur une pure équivoque. Les commotions qui frappent et qui ébranlent le crédit présentent généralement deux périodes bien distinctes. Dans la première, et sous l'impression de la panique qui se déclare, toutes les valeurs de confiance deviennent suspectes et se déprécient ; c'est à qui pourra s'en défaire, et les échanger contre les valeurs métalliques, qui sont une richesse de tous les temps et de tous lieux. Voilà le moment où l'on assiége les guichets des banques et où les porteurs de créances exigibles veulent être immédiatement remboursés. Malheur alors à l'établissement qui n'a pas fait provision d'une réserve solide ! La suspension des paiemens est à ses portes, et sa ruine devient certaine dès qu'on suppose que la banque hésite, qu'elle se trouble, et que ses ressources peuvent être épuisées avant le parfait remboursement. La Banque de France elle-même ne l'a-t-elle pas éprouvé en février 1848, quand il a fallu rembourser 110 millions en quinze jours ? Et pourquoi a-t-on décrété le cours forcé des billets, si ce n'est parce que les déposans par compte courant ayant retiré ou menaçant de retirer encore leurs capitaux, et les porteurs de billets en exigeant le remboursement, la Banque ne trouvait pas dans son propre capital de suffisantes ressources ? On dira, je le sais, que les commotions politiques portent un trouble irrésistible dans les règles ordinaires du crédit ; mais que l'on prenne, j'y consens, la crise purement commerciale de 1846-47 : la Banque ne vit-elle pas alors diminuer rapidement une réserve métallique formée avec des capitaux d'emprunt, et ne fut-elle pas obligée, pour éviter une catastrophe, de recomposer cette réserve, comme par un coup de théâtre, avec des ressources qu'elle possédait en propriété, et qu'une bonne fortune accidentelle lui permit de réaliser ?

Après la première émotion des crises vient la période du découragement. Les capitalistes qui ont fait tête à l'orage se retranchent dans l'inaction et n'osent pas entreprendre. C'est alors que, si les banques ont résisté avec bonheur et avec vigueur à la débandade, leur solidité étant éprouvée, on leur apporte de plus belle les capitaux sans emploi, et que leurs caisses regorgent bientôt de métaux précieux : à une rareté alarmante d'argent succède une abondance stérile ; mais, pour en arriver là, il faut traverser la première période ; qui est celle du péril, et en vue de laquelle la science détermine les principes du crédit.

L'auteur de l'apologie cherche à établir que la situation de la Banque de France est préférable à celle de la banque d'Angleterre. Pour aboutir à cette conclusion, il a dû placer son parallèle en dehors des faits. Les voici, au risque de me répéter, dans toute leur exactitude. La Banque de France, suivant le compte-rendu du 29 août, avait une circulation d'environ 503 millions de francs en billets au porteur et en billets à ordre, qui représentait une valeur à peu près quintuple de celle de son capital. La banque d'Angleterre, suivant le compte-rendu du 13 juillet, avait une circulation en billets à vue et en billets à sept jours de vue de 545 millions de francs, qui n'excédait son capital que de 99 millions, soit de 22 pour cent. On fait remarquer que la grandeur du capital sert de peu, lorsque ce capital n'est pas disponible ; mais en est-il ainsi de l'autre côté du détroit ?

La banque d'Angleterre a prêté à l'état, sans échéance déterminée de remboursement, la somme énorme de 277 millions de francs. Je n'approuve pas l'opération ; il s'en faut pourtant que ce prêt absorbe, comme le prétend l'auteur de l'apologie, le capital entier de la banque, car il reste encore une marge de 170 millions. Aux termes de l'acte de 1844, la banque d'Angleterre peut émettre pour 14 millions sterling de billets, sans en recevoir la contre-valeur en numéraire ; au-delà de cette somme, tout billet doit être représenté dans ses caisses par des espèces ou par des lingots. Cependant les directeurs de cet établissement n'ont usé à aucune époque de toute la latitude qui leur était ouverte par la loi : en effet, le département des émissions livre au département de la banque proprement dite 30 millions sterling de billets contre 14 millions de valeurs en reconnaissances du gouvernement, en bons de l'Échiquier ou en rentes, et contre 16 millions sterling de valeurs métalliques en or ou en argent ; mais, sur les 30 millions de billets, 20,274,000 liv. sterl. Seulement entrent dans la circulation active. En y joignant 1,331,610 liv. sterl. de billets à sept jours de vue, compensés jusqu'à concurrence de 800,242 liv. sterl. par les espèces que le département de la banque tient en réserve, on trouve que cette circulation totale de 21,605,269 liv. sterl. est couverte par 16,800,242 liv. sterl. de valeurs métalliques, et qu'un cinquième à peine, soit 4,805,207 liv. sterl., est représenté par des valeurs non immédiatement réalisables, telles que des rentes ou des bons de l'Échiquier ; 9,770,045 liv. sterl. de billets restent en portefeuille. Veut-on s'en tenir au compte établi par le département des émissions ? il en résulte que, sur le capital accru de la réserve, plus de 85 millions de francs sont employés à former l'encaisse en numéraire. La Banque de France, avec une circulation qui approche de celle de la banque d'Angleterre, ne garde pas plus de 30 millions disponibles sur un maigre capital de 108 millions ; encore doit-on mettre en regard les 125 millions pour lesquels la Banque est engagée envers l'état.

Il convient d'ajouter qu'en cas de panique, la banque d'Angleterre est infiniment moins exposée que la Banque de France. Premièrement, les dépôts qu'elle reçoit proviennent en partie des caisses publiques, et ne donneraient pas lieu à un retrait général ni subit ; secondement, l'usage des billets est entré si avant dans les habitudes de la population, celui du numéraire est tellement restreint, et on liquide un si grand nombre d'opérations par des viremens de compte, que la demande des espèces n'aurait à Londres ni le même emportement ni la même durée. Cependant la banque d'Angleterre s'est trouvée elle-même dans des embarras pressons, preuve évidente de la nécessité d'imposer aux établissemens de crédit les mieux dirigés des règles plus prévoyantes et plus sévères. La circulation fiduciaire, dans tout pays civilisé, doit être assise sur des fondemens inébranlables, si l'on ne veut pas jeter une crise monétaire, c'est-à-dire le rocher qui submerge infailliblement la barque en détresse, au travers des crises qui peuvent frapper l'industrie, le commerce et l'état.

On ne saurait accuser la Banque de France de se conformer systématiquement aux doctrines de l'apologie qui veut qu'aucune parcelle du capital ne soit consacrée à la réserve en numéraire. L'auteur de cette défense ne croit pas davantage, quoiqu'il l'insinue, que je demande une réserve en numéraire qui assure le remboursement intégral et universel des billets mis en circulation. La véritable difficulté qui s'élève à propos de la loi du 6 août est celle de savoir si l'on posera des règles à la circulation, ou si le législateur s'en remettra, comme par le passé, à la discrétion de la Banque. La Banque n'envisage que ce qu'il y a de commode dans l'arbitraire ; elle ne redoute pars assez ce que l'arbitraire entraîne de responsabilité. Les hommes qui la dirigent voudraient rester maîtres de resserrer ou d'étendre l'émission des billets, comme au temps où ils n'en avaient pas le monopole. Cependant le pouvoir détermine, en tenant compte des forts, la valeur de la monnaie métallique. Toute unité de valeur ou de mesure doit être ainsi l'expression de la volonté éclairée du souverain. Comment livrent-il au hasard ou à la décision de l'intérêt privé les conditions auxquelles circulent les billets au porteur, c'est-à-dire les élémens de la fortune publique ? Si la science économique et la pratique des peuples commerçans ont fixé les bases de la circulation fiduciaire, il faut les proclamer dans la loi. Le silence du législateur impliquerait l'ignorance des principes ou l'oubli d'un devoir.

Rien, de plus simple que, dans les contrées où existe la liberté des banques, on soutienne que l'émission des billets peut se passer de règles, et que les besoins du commerce doivent en déterminée l'expansion ; mais dans un pays comme le nôtre, où le monopole règne et a pour raison d'être la sécurité de tous, on ne comprendra jamais que l'on hésite à compléter cette sécurité par des garanties qui rendent l'oppression ou le désordre financier, l'abus, en un mot, impossible. Et que l'on n'invoque pas ici l'autorité des contrats. Ce contrat, qui existait entre la Banque et l'état, a été déchiré du consentement de la Banque elle-même le jour où la révolution, interprétée en cela du progrès des idées, a substitué au principe de la concurrence celui de l'unité de la monnaie fiduciaire ; l'abrogation du cours forcé présentait l'occasion naturelle de préciser, sous une forme légale et solennelle, les conditions du nouveau contrat. En échange de l'accroissement du capital et de l'application d'une partie importante de ce capital à la réserve métallique, j'aurais voulu voir décréter le cours légal des billets. Ici le défenseur de la Banque entre dans un ordre d'idées qui me confond. « Si la loi nouvelle, dit-il, avait maintenu le cours légal, elle aurait perdu son plus grand mérite, elle n'aurait pas effacé les dernières traces de la mesure anormale du 15 mars 1848. La loi n'aurait pas rendu aux billets de banque leur ancien caractère de papier-crédit. » Si la Banque partage sur ce point l'opinion de son apologiste, pourquoi solliciter du trésor, à titre de faveur, ce qu'elle refuse de la loi à titre de droit ou de principe ? Le ministre des finances et la commission du budget ont déclaré à l'assemblée nationale que les billets de la Banque de France seraient reçus comme monnaie dans les caisses publiques. Qu'y a-t-il dans cette mesure, sinon l'injonction d'imprimer aux billets le caractère d'une monnaie légale ? Les billets admis dans les comptes publics sont reçus partout au même titre. Ce que nous demandons a été fait avec la franchise et avec la légalité de moins. Au reste, le cours légal n'a rien de commun avec le cours forcé : il manque les billets de l'empreinte de la foi publique ; mais, en obligeant tout le monde à les recevoir en paiement, il ne dispense pas la Banque de les rembourser à présentation. De la sorte, une valeur imaginaire ne saurait être capricieusement attachée à l'agent de la circulation. Les billets gardent le caractère d'un papier de crédit ; ils valent ce que vaut le crédit de la banque qui les a émis, et, pour être reçus au pair de l'argent, il faut qu'ils portent avec eux la certitude du remboursement. Les billets de la banque d'Angleterre sont une monnaie légale, et il ne vient à la pensée de personne qu'on puisse les confondre avec le papier-monnaie, ni qu'ils mènent par voie de transition au régime des assignats.

J'avais adressé à la loi du 6 août un dernier reproche. Il m'avait paru que l'on n'improvisait pas une mesure comme celle de l'abrogation du cours forcé, et qu'il fallait donner à tout le monde le temps de s'y préparer, au législateur comme au public. On conteste ces nécessités de la prudence. On prétend que, si l'Angleterre prit trois années pour amener sans secousse la reprise des paiemens de la.banque, c'est que le régime du cours forcé avait duré vingt-deux ans dans ce pays avec une dépréciation assez notable dans la valeur des billets, tandis que la suspension du remboursement n'a jamais été complète en France et n'a duré en fait que trois mois et demi.

Cette différence, je suis loin de la nier, je l'avais signalée moi-même ; mais, si le cours forcé n'a pas agi de la même manière qu'en Angleterre sur la fortune publique, il a produit des changemens dans la situation qui appellent au plus haut degré la sollicitude des législateurs. La loi du 6 août n'a pas pu replacer la Banque dans la situation où l'avait trouvée la révolution de février. La circulation fiduciaire s'était accrue d'environ 40 pour 100, ou de 150 millions dans l'intervalle ; le papier de banque avait pénétré dans les plus petits hameaux, et partageait la popularité des espèces ; enfin les banques départementales avaient disparu pour faire place, dans l'ordre monétaire, à la plus énergique et à la plus complète unité. Imaginer qu'un aussi grand changement ne demandait aucun surcroît de précautions, ni aucune mesure transitoire, c'est dire que toutes les situations peuvent s'accommoder des mêmes lois.

En résumé, les explications de la Banque ne me semblent pas assez péremptoires pour convertir le public qui en est le véritable juge, à la loi du 6 août. L'abrogation pure et simple du cours forcé, tant que l'état n'a pas remboursé les 125 millions de l'emprunt, demeure une haute imprudence. La situation de la Banque, exposée au grand jour de la liberté, ne sera trouvée ni très forte ni très sûre. Cependant, avec une conduite sage dans le détail, elle rencontrera probablement plus de malaise que de péril. L'ordre aurait succombé depuis long-temps dans ce pays ; si la langueur des opinions et la lenteur des événemens n'émoussaient les conséquences de nos fautes.

Martres, le 8 septembre 1850.

NOTES

[1] Voyez, dans le n° du 1er mai 1850, la Situation financière de la France, et, dans celui du 15 août, le premier article sur la Banque.

[2] Ces chiffres sont empruntés au compte publié par la banque d'Angleterre le 13 juillet 1850.